# Mantén la calma y confía en Dios

POR JAKE PROVANCE Y KEITH PROVANCE

A menos que se indique lo contrario todas las citas bíblicas han sido tomadas de la Santa Biblia, NUEVA VERSIÓN INTERNACIONAL® NVI® © 1999, 2015 por Bíblica, Inc.® Usado con permiso de Bíblica, Inc.® Reservados todos los derechos en todo el mundo.

El texto bíblico indicado con «NTV» ha sido tomado de la Santa Biblia, Nueva Traducción Viviente, © Tyndale House Foundation, 2010. Usado con permiso de Tyndale House Publishers, Inc., 351 Executive Dr., Carol Stream, IL 60188, Estados Unidos de América. Todos los derechos reservados.

*Mantén la calma y confía en Dios*
ISBN libro: 978-1-949106-45-9
© 2020 por Word and Spirit Publishing

Publicado originalmente en inglés con el título
*Keep Calm and Trust God* por
Word and Spirit Publishing,
P. O. Box 701403, Tulsa, Oklahoma, EE. UU.
© 2014 Word and Spirit Publishing

Concepto creativo por Ryan Provance

Impreso en Estados Unidos de América. Todos los derechos reservados por el derecho internacional de la propiedad intelectual. Todos los derechos reservados. Ninguna parte de esta publicación puede ser reproducida, almacenada o trasmitida de manera alguna ni por ningún medio, ya sea electrónico, mecánico, óptico, de grabación, de fotocopia, o de cualquier otra forma sin el permiso previo del editor.

# Tabla de contenido

Introducción.................................................iv
La ansiedad....................................................1
La preocupación...........................................7
El temor........................................................13
La depresión................................................19
La presión....................................................25
El remordimiento........................................31
El estrés.......................................................37
La frustración..............................................43
La autocrítica..............................................49
Buscar la aprobación de los demás............55
El temor al futuro........................................61
Contratiempos inesperados.........................67

# Introducción

En 1939, el gobierno británico acuñó el lema «Mantén la calma y sigue adelante» cuando se avecinaba la amenaza de la Segunda Guerra Mundial. En caso de que el ejército de Hitler invadiera Inglaterra, esos pósteres debían ser distribuidos a la población inglesa en un esfuerzo por galvanizar su determinación de resistir a la agresión alemana. Si Alemania invadía cruzando el canal de la Mancha hubiera sido uno de los tiempos más oscuros en la historia del mundo.

Bajo la sombra de los ataques aéreos y los bombardeos nazis, la muerte y la destrucción, y un mundo sumido en el caos, los británicos sabían que la gente necesitaría estímulo. Estaba en juego el futuro del mundo libre. Y en esos tiempos oscuros, los creyentes de todas partes oraban fervientemente.

Afortunadamente, la mayoría de nosotros nunca tendrá que enfrentar ese tipo de tragedia y adversidad durante nuestra vida. Sin embargo, hoy nos encontramos envueltos en un tipo de guerra diferente.

## Introducción

Nuestras vidas parecen estar bajo un constante ataque. La preocupación, el temor, el estrés y la ansiedad hacen una guerra a diario contra muchos de nosotros. Nuestra sociedad ha aceptado la depresión y el desánimo como enfermedades sociales comunes. La ansiedad amenaza inmovilizarnos, en la forma de sueños incumplidos, la pérdida, el divorcio, la enfermedad, la muerte, los fracasos, los errores, y las críticas parecen llover sobre nosotros como bombas.

Pero Dios no es el autor o la causa de tales atrocidades destructivas. La Biblia claramente afirma en Juan 10:10 que Satanás es el enemigo que viene a robar, a matar, y a destruir. Jesús vino para que tengamos vida, y la tengamos en abundancia.

Entonces, ¿adónde podemos ir durante estos tiempos de prueba? Al mismo lugar donde fueron los cristianos durante la Segunda Guerra Mundial: a lugar de oración.

De la misma manera que hicieron los británicos cuando enfrentaron la amenaza de la invasión alemana, debemos «Mantener la calma y seguir adelante». Cuando llega la adversidad, solo mantener la calma no es suficiente. No podemos luchar contra el enemigo de nuestra alma con un eslogan, ni tampoco podemos «seguir adelante» en nuestras propias fuerzas.

# Introducción

Necesitamos confiar y obtener nuestra fortaleza de Dios. Necesitamos confiar en Él completa y enteramente.

Nos demos cuenta o no, muchas de las batallas que enfrentamos hoy son batallas espirituales, y no podemos ganarlas solo con nuestra propia fuerza de voluntad. Cuando los problemas se presentan en tu camino o cuando las malas noticias te hacen estremecer determínate a reemplazar el temor con la confianza en Dios, reemplaza la preocupación con la fe en Él, y reemplaza la ansiedad con su paz. Mantén la calma, y sobre todo, confía en Dios.

Dios ha prometido que nunca te dejará ni jamás te abandonará, Él quiere ser parte de tu vida. Cuando necesitas su ayuda, todo lo que tienes que hacer es pedírsela. En tu hora de mayor necesidad, Él te apoyará y te sostendrá. Él te dará la paz en medio de las tormentas de la vida.

Nuestra esperanza es que las siguientes páginas te provean el estímulo, las fuerzas y la inspiración para superar cualquier desafío que estés enfrentando en tu vida. Dios está de tu lado; ¡Dios es por ti! ¡Él te acompañará por lo que sea que pases!

# Acerca de los autores

Keith Provance, ha estado involucrado en las publicaciones cristianas por más de treinta años, es el fundador y presidente de Word and Spirit Publishing, una empresa dedicada a la publicación y la distribución mundial de libros fundamentados en la Biblia que trasforman vidas. También trabaja como consultor de publicaciones para ministerios nacionales e internacionales. Keith continúa escribiendo con su esposa y con su hijo Jake. Él y su esposa, Megan, han sido autores de varios libros *best seller* con más de dos millones de ejemplares vendidos. Viven en Tulsa, Oklahoma y son los padres de tres hijos: Ryan, Garrett y Jake.

Puedes contactar a Keith escribiendo a:
Keith@WordAndSpiritPublishing.com

Jake Provance es un lector ávido y un aspirante joven escritor, que ha escrito cinco libros y planea escribir varios más. El primer libro de Jake, *Mantén la calma y confía en Dios,* ha vendido más de 500.000 ejemplares. Jake se graduó de la Escuela Bíblica Domata en Tulsa, OK, y tiene el llamado a trabajar en el ministerio pastoral, con una pasión particular por ministrar a los jóvenes adultos. Jake y su esposa, Leah, viven en Tulsa, OK.

Echa un vistazo al blog de Jake en Life-Speak.com

Puedes contactar a Jake escribiendo a:
Jake@WordAndSpiritPublishing.com

«El principio de la ansiedad es el final de la fe, y el principio de la verdadera fe es el final de la ansiedad».

—George Mueller

# La ansiedad

La ansiedad parece siempre estar a nuestro alrededor. A veces, las molestias comunes de todos los días pueden causarnos la ansiedad. La ansiedad puede robar nuestra capacidad de disfrutar de los amigos, la familia y la vida en general. La ansiedad puede contribuir a la presión arterial alta, los trastornos estomacales o intestinales, y los ataques al corazón. Incluso puede llevar a ataques de pánico o las crisis nerviosas.

Claro, la vida está llena de desafíos, conflictos y situaciones estresantes, pero no tenemos que permitir que estos produzcan la ansiedad en nuestra vida. Cualquiera que sea la causa o la fuente, la ansiedad no sirve ningún propósito bueno. ¡La vida es demasiado corta para que le permitamos a la ansiedad robarnos de la alegría de vivir en paz y tener una vida productiva y satisfactoria!

## La ansiedad

En Filipenses 4:6-7, Dios nos provee la clave para combatir la ansiedad: «No se inquieten por nada; más bien, en toda ocasión, con oración y ruego, presenten sus peticiones a Dios y denle gracias. Y la paz de Dios, que sobrepasa todo entendimiento, cuidará sus corazones y sus pensamientos en Cristo Jesús».

Eso lo resume bastante bien: la oración con la acción de gracias produce la paz. Y no cualquier paz, sino la paz sobrenatural que viene de Dios, ¡y sobrepasa a todo entendimiento humano! ¿No son esas buenas noticias?

En Juan 14:27, Jesús dijo: «Dejen de concederse el angustiarse y molestarse, no se permitan tener miedo, intimidarse, ser cobardes o inestables» (traducción libre de *The Amplified Bible*). Basado en eso, Jesús nos dice que vivir una vida libre de ansiedad es una *elección*.

Puedes elegir elevarte por encima de la ansiedad. Pon tu confianza en Dios y niégate a estar desalentado y agitado. ¡Enumera tus bendiciones! Pon tu confianza en Él, porque Él te ama, se preocupa por ti, y cree en ti.

# La ansiedad

## Oración

*Señor, ayúdame a no estar ansioso. Yo sé que lo que sea que enfrente, tú estás conmigo y me has prometido que nunca me dejarás ni abandonarás. Ayúdame a confiar en ti a pesar de las circunstancias que me rodean. Señor, cuando sea tentado a estar ansioso, ayúdame a declarar tus promesas, para superar los ataques en mi mente con las respuestas de tu Palabra. Permíteme responder rápidamente a los pensamientos y deseos erróneos reemplazándolos con buenos pensamientos.*

*Gracias, Señor, que iluminas el camino que está delante de mí. Me das instrucciones claras y me guardas firmemente en los caminos de la rectitud. Pongo toda mi confianza en ti. Tú eres mi escudo y mi refugio. Eres mi roca y mi fortaleza. Eres mi escondedero y torre fuerte. En medio de la tormenta, me iluminas con tu comprensión y me das tu paz. Me niego a estar ansioso acerca de cualquier cosa.*

La ansiedad

## Escrituras

Humíllense, pues, bajo la poderosa mano de Dios, para que él los exalte a su debido tiempo. Depositen en él toda ansiedad, porque él cuida de ustedes. Practiquen el dominio propio y manténganse alerta. Su enemigo el diablo ronda como león rugiente, buscando a quién devorar.

—1.ª DE PEDRO 5:6-8

No se preocupen *ni* tengan ansiedad por nada, pero en todas las circunstancias *y* en todo, mediante la oración y la petición (solicitudes concretas), con acción de gracias, continúen dando a conocer lo que quieren a Dios. Y la paz de Dios [será de ustedes, ese estado de tranquilidad del alma segura de su salvación a través de Cristo, y así no temer nada acerca de Dios y estar contenta con su lote terrenal cualquiera que sea, esa paz] que trasciende todo entendimiento protegerá *y* establecerá guardia en sus corazones y mentes en Cristo Jesús.

—FILIPENSES 4:6-7
(TRADUCCIÓN LIBRE DE *THE AMPLIFIED BIBLE*)

«Navegaremos de manera segura a través de cada tormenta, siempre y cuando nuestro corazón sea recto, nuestra intención ferviente, nuestro coraje firme y nuestra confianza esté puesta en Dios. Si por momentos estamos aturdidos por la tempestad, no temamos jamás, tomemos aliento y volvamos a empezar».

—San Francisco de Sales

«La preocupación implica que no confiamos que Dios es lo suficientemente grande, poderoso o amoroso para cuidarnos de lo que sucede en nuestra vida».

—Francis Chan

# La preocupación

Todos enfrentamos la oportunidad diaria de preocuparnos por algo: nuestra salud, las finanzas, la familia, los trabajos, la economía. La lista es interminable. ¡Si damos lugar a nuestras preocupaciones pueden consumir nuestras vidas!

Sin embargo, la preocupación es tan improductiva, que no logra otra cosa que producir la ansiedad, el estrés y el temor. La preocupación te robará la alegría, la paz y la fe; puede nublar tu mente y a menudo conduce al pensamiento irracional.

La presión de las garras de la preocupación en tu vida solo puede aumentar si te quedas pensando en tus problemas. Pero hay buenas noticias, ¡el plan que Dios tiene para ti es que vivas una vida libre de preocupaciones! Quizás te preguntes: «*¿Cómo es posible?*». Es muy simple: pon toda tu confianza y seguridad en

## La preocupación

Dios y su Palabra. Dios prometió que nunca te dejará ni te abandonará, y la Biblia dice en Mateo 6:25 que no te preocupes por tu vida.

Si miraras a través de los ojos de tu Padre Celestial, verías que ninguna situación o circunstancia es demasiado grande para Dios. ¡Nuestros problemas son bastante pequeños comparados con lo grande que es nuestro Dios!

El secreto que tanta gente se pierde de vivir esa realidad es que no basta con decirte a ti mismo que no te preocupes acerca de algo; tienes que *reemplazar* los pensamientos de preocupación con los pensamientos de Dios. Cuando permaneces en la Palabra, permaneces en los pensamientos de Dios. En Romanos 12:2, Pablo llama a este proceso «la renovación de la mente». Cuando incorporas en tu rutina de todos los días la lectura, la meditación y la declaración de la Palabra de Dios, ¡eso trasformará tu vida!

Cuando la preocupación trate de apoderarse de ti, recuérdate a ti mismo: *«Mantén la calma y confía en Dios»*, porque Él te cuidará. ¡Para Dios tú eres más precioso que el oro!

## La preocupación

### Oración

*Señor, ayúdame a no preocuparme por cualquier cosa. Espero que tú me ayudes a pasar por esta situación. En obediencia a tu Palabra, deposito toda mi ansiedad y preocupación sobre ti. Concédeme tu paz para permanecer firme y tranquilo. Ayúdame a dejar que tu paz gobierne y reine en mi corazón.*

*Pongo mi confianza en ti. Yo sé que me amas y que te interesas por mí como lo hace un Padre amoroso. Sé que no me decepcionarás. Creo que estás obrando en todas las cosas para mi bien. Señor, revélame tu perfecta voluntad en esta situación. Permíteme que siga poniendo mi mirada en ti y no dejar que mi corazón se turbe o tenga temor. Ayúdame a ser espiritualmente fuerte y valiente y no dejar que mis emociones o mis sentimientos dirijan mis acciones.*

## La preocupación

### Escrituras

Por eso les digo: No se preocupen por su vida, qué comerán o beberán; ni por su cuerpo, cómo se vestirán. ¿No tiene la vida más valor que la comida, y el cuerpo más que la ropa? Fíjense en las aves del cielo: no siembran ni cosechan ni almacenan en graneros; sin embargo, el Padre celestial las alimenta. ¿No valen ustedes mucho más que ellas? ¿Quién de ustedes, por mucho que se preocupe, puede añadir una sola hora al curso de su vida?

—Mateo 6:25-27

Encomienda al Señor tus afanes, y él te sostendrá; no permitirá que el justo caiga y quede abatido para siempre.

—Salmo 55:22

¿Qué diremos frente a esto? Si Dios está de nuestra parte, ¿quién puede estar en contra nuestra?

—Romanos 8:31

«Preocuparse no vacía el mañana de su tristeza, vacía el hoy de su fortaleza».

—Corrie Ten Boom
(Sobreviviente del Holocausto)

«Aprendí que el coraje no era la ausencia del miedo, sino el triunfo sobre él. El valiente no es quien no siente miedo, sino aquel que conquista ese miedo».

—Nelson Mandela

# El temor

El temor puede ser tu mayor enemigo. Puede robar tu alegría, robar tu paz, y paralizar tu fe. Puede embotar tus sentidos, confundir tu mente, y producir pensamientos y comportamientos irracionales. El temor puede llevarnos a decir o hacer cosas que nunca consideraríamos en circunstancias normales.

El temor se presenta de muchas formas. Puede aparecer como un pequeño temor o como una fuerza paralizadora que nos deja indefensos mental, física y espiritualmente. Cualesquiera sean sus manifestaciones, es esencial que reconozcamos que el temor es una fuerza espiritual que puede afectar negativamente nuestra vida y solo puede ser conquistado por una fuerza espiritual mayor, nuestra fe en Dios.

Jesús frecuentemente le dijo a la gente: «No temas». Él reconoció el efecto devastador que el temor puede tener sobre nuestra fe. El temor puede impedir que las bendiciones de Dios fluyan en nuestra vida. La voluntad de Dios es que todos los días vivamos la vida libre de temores y llena de fe. Si Jesús nos dijo: «No temas», entonces eso significa que tenemos la capacidad para hacerlo. ¿Sabías que la frase «no temas», u otras variaciones como «no tengan miedo», ocurren 365 veces en la Biblia? ¡Esto es una para cada día del año!

Pero ¿cómo ponemos esa directiva en práctica? Luchamos contra el miedo con nuestra fe. Y activamos nuestra fe con nuestras *palabras*.

Cuando el temor trate de venir contra ti, resístelo con tus palabras. Di en voz alta: «Jesús no me ha dado un espíritu de temor, sino de poder, de amor y de dominio propio. No tendré miedo porque Jesús dijo que no lo tuviera. Me quedaré calmado y confiaré en el Señor. *No temeré*».

## El temor

### Oración

*Señor, ayúdame a no tener temor, porque tú estás conmigo. Muéstrame cómo pensar en todo lo bueno y no en las cosas que producen temor. El temor es un enemigo del corazón y la mente, y me niego a dejar que me robe la paz y la alegría de mi vida.*

*Dame valor y fortaleza para enfrentarme a los temores en mi vida que tratan de mantenerme cautivo. Tú me has asegurado que estarás conmigo en los tiempos de adversidad y que me consolarás cuando el temor se apodere de mi corazón.*

*Escojo confiar en ti en lugar de tener miedo. Tú me defiendes y me sostienes. Concédeme tu paz y sabiduría y que cuando sea tentado a temer ponga mi mirada en ti. Tú me has hecho seguro, capaz y libre del temor.* **No tengo miedo.**

El temor

## Escrituras

Así que no temas, porque yo estoy contigo; no te angusties, porque yo soy tu Dios. Te fortaleceré y te ayudaré; te sostendré con mi diestra victoriosa.

—Isaías 41:10

Ya te lo he ordenado: ¡Sé fuerte y valiente! ¡No tengas miedo ni te desanimes! Porque el Señor tu Dios te acompañará dondequiera que vayas.

—Josué 1:9

El Señor es mi luz y mi salvación; ¿a quién temeré? El Señor es el baluarte de mi vida; ¿quién podrá amedrentarme?

—Salmo 27:1

Pues Dios no nos ha dado un espíritu de timidez, sino de poder, de amor y de dominio propio.

—2.ª de Timoteo 1:7

## La arena

No es el crítico quien cuenta; ni aquel que señala cómo el hombre fuerte se tambalea, o dónde el autor de los hechos podría haberlo hecho mejor. El reconocimiento pertenece al hombre que está en la arena, con el rostro desfigurado por el polvo y el sudor y la sangre; quien se esfuerza valientemente; quien erra, quien da un traspié tras otro, pues no hay esfuerzo sin error ni fallo; pero quien realmente se empeña en lograr su cometido; quien conoce grandes entusiasmos, las grandes devociones; quien se consagra a una causa digna; quien en el mejor de los casos encuentra al final el triunfo inherente al logro grandioso, y quien en el peor de los casos, si fracasa, al menos fracasa atreviéndose en grande, de manera que su lugar jamás estará entre aquellas almas frías y tímidas que no conocen ni la victoria ni la derrota.

—Theodore Roosevelt

«La depresión es una prisión en la que eres tanto el prisionero como el cruel carcelero».

— Dorthy Rowe

# La depresión

La depresión es tu enemigo. Puede robarte la alegría y la paz. Puede convertirse en una nube que proyecta una sombra sobre toda tu vida. La depresión embota tus sentidos y te lleva a ver cada área de la vida a través de una lente oscura. Puede llevarte por un camino de desesperación y desánimo que solo conduce a la preocupación, el temor, y la desesperanza.

Algunos dicen que la depresión es una respuesta natural a los eventos o las circunstancias adversas de nuestra vida. Quizás en este momento parezca así en tu vida, ¡pero no tiene por qué ser así para siempre! ¿Sabías que puedes elegir *no* estar deprimido? Puedes decidir retomar el control de la depresión que hostiga tu vida. Puedes encontrar tu alegría en el Señor en lugar de vivir un día en las «nubes» y el siguiente en el «pozo».

## La depresión

Escoge vivir por la fe en lugar de permitir que las circunstancias de la vida dicten cómo te sientes.

No es la voluntad de Dios que estés desanimado, abatido y deprimido. Puedes elegir estar alegre, incluso en medio de las circunstancias más difíciles.

¡Lucha contra la depresión! Ponte a la defensa con tus pensamientos y tus palabras. ¿Por qué motivos estás agradecido? Enumera las bendiciones que has recibido. Ve a la Biblia y busca las escrituras que te alientan y comienza a declararlas sobre tu vida. Sin importar la situación en la que te encuentres, puedes encontrar por qué estar agradecido. Esta es la llave para salir de la prisión de la depresión.

Dios te ama, y sabe lo que estás pasando. Él quiere ayudarte. Ve a Él en oración. Echa tus preocupaciones sobre Él, porque Él cuida de ti y desea que vivas una vida feliz, alegre y plena.

## La depresión

### Oración

*Señor, ayúdame a superar la depresión. Yo sé que no hay problema demasiado grande, dolor tan profundo, ni error tan enorme que no puedas proporcionar el poder, la fortaleza y la sabiduría para superarlo.*

*Dame valor y fuerza para conquistar esta depresión. Restaura mi alegría y ayúdame a confiar en ti. Echo mis cuidados y preocupaciones sobre ti porque tú cuidas de mí. Me niego a permitir que la depresión controle mi vida.*

*Ayúdame a reemplazar mis temores con la fe, mis dudas con la creencia, mis preocupaciones con la confianza y mi falta de confianza con el valor. Muéstrame cómo pensar las cosas correctas y a concentrarme en ti y no en mis problemas. Ayúdame a estar agradecido por todas las cosas que has proporcionado en mi vida.*

*Señor, ayúdame a que pueda alentarme en ti. Que tu alegría sea mi fuerza y tu paz llene mi alma. Permite que tu gracia y misericordia me consuelen y me sostengan.*

## La depresión

### Escrituras

¿Por qué estoy desanimado? ¿Por qué está tan triste mi corazón? ¡Pondré mi esperanza en Dios! Nuevamente lo alabaré, ¡mi Salvador y mi Dios!
—Salmo 42:11 (NTV)

Con paciencia esperé que el Señor me ayudara, y él se fijó en mí y oyó mi clamor. Me sacó del foso de desesperación, del lodo y del fango. Puso mis pies sobre suelo firme y a medida que yo caminaba, me estabilizó. Me dio un canto nuevo para entonar, un himno de alabanza a nuestro Dios. Muchos verán lo que él hizo y quedarán asombrados; pondrán su confianza en el Señor.
—Salmo 40:1-3 (NTV)

Amigos, cuando la vida se hace difícil, no salten a la conclusión de que Dios no está obrando. En cambio, alégrense que están en lo recio de lo que Cristo vivió. Es un proceso de refinamiento espiritual, con la gloria solo a la vuelta de la esquina.
—1.ª de Pedro 4:12-13
(traducción libre de *The Message*)

# No te rindas

«Cuando las cosas vayan mal, como a veces sucederá;
Cuando el camino por el que recorres parece ser solo cuesta arriba;
Cuando los fondos sean bajos y las deudas altas;
Y quieras sonreír, pero tienes que suspirar.
Cuando todo te presiona un poco;
Descansa si debes hacerlo, pero no te rindas.
El éxito es un fracaso al revés;
El tinte plateado en las nubes de la duda;
Y nunca podrás saber que tan cerca estas;
Puede estar cerca cuando parece estar lejos.
Pero mantente en la lucha cuando más fuerte sientes el embate;
Es cuando las cosas van mal que no debes rendirte».

—John Greenleaf Whittier

Señor, cuando anhelamos la vida sin dificultades, recuérdanos que los robles crecen fuertes con los vientos contrarios y los diamantes se hacen bajo presión.

—Peter Marshall

# La presión

Todos tenemos que lidiar con diferentes presiones en nuestra vida: la presión de actuar, de realizar algo, para conformarnos, para sobresalir o para avanzar. Incluso podemos sentirnos presionados a comprar cosas que no necesitamos para impresionar a la gente que no conocemos o para arreglar un matrimonio problemático o rescatar un adolescente rebelde.

Pero cuando sentimos la presión, puede distraernos para que no pensemos con claridad. Rara vez tomamos buenas decisiones o decidimos por las sabias opciones cuando estamos bajo presión. De hecho, cuando sientes la presión que tienes que tomar una decisión apresurada, ese es el momento preciso en que deberías detenerte, tomar un respiro, *y hacerte* a ti mismo tomar un tiempo para analizar tus opciones más de cerca.

## La presión

Si lo permitimos, las presiones de la vida pueden abrumarnos. Así que la clave es: *¡no se lo permitas!* Cuando empiezas a sentir la presión de una situación, recurre a Dios y a su Palabra. El Señor nos ha prometido que si le pedimos sabiduría nos la dará.

Rechaza ceder a la presión, y en su lugar pasa tiempo en oración, pidiéndole al Señor que te dé sabiduría y la orientación con relación a cualquier situación que estés enfrentando. También podría ser una buena idea obtener el punto de vista de un amigo de confianza que podría tener una perspectiva más objetiva.

La Biblia te dice que eches todas tus preocupaciones sobre Dios, que confíes en Él, porque Él cuida de ti. Él tomará lo que el enemigo ha querido usar para mal y convertirlo en algo bueno. Con cada tentación y presión, Dios ha prometido un alivio y una manera de salir. Niégate a permitir que las presiones de la vida roben tu alegría y tu paz.

## La presión

### Oración

*Señor, por favor ayúdame a permanecer calmado y a mantener la paz cuando enfrento situaciones de presión. Ayúdame a no sentirme forzado a tomar decisiones precipitadas o apuradas. Muéstrame cómo no ceder a la presión de actuar antes de que esté seguro de cuál es el curso de acción que debo tomar. Ayúdame a no dejar que la presión del momento me obligue a tomar una decisión desafortunada que luego me arrepentiré. Dame sabiduría y claridad de pensamiento para discernir adecuadamente las opciones que tengo disponibles. No me dejes agitarme, perturbarme o ser intimidado por las circunstancias a mi alrededor. Concédeme tu paz para que pueda mantener la calma en medio de la adversidad. Te pido que me guíes y me des dirección en cuanto a las decisiones que tengo delante de mí. Señor, confío en ti y seguiré tu dirección.*

## La presión

### Escrituras

Nos vemos atribulados en todo, pero no abatidos; perplejos, pero no desesperados; perseguidos, pero no abandonados; derribados, pero no destruidos.

—2.ª DE CORINTIOS 4:8-9

Amigos, considérenlo un puro regalo cuando las pruebas y los desafíos lleguen de todos lados. Sepan que cuando están bajo presión, su vida de fe es forzada a salir a la luz y muestra sus verdaderos colores. Así que no intenten salir de nada prematuramente. Dejen que hagan su obra para que alcancen la madurez y se desarrollen bien, que no estén deficientes en ninguna manera.

—SANTIAGO 1:2-4 (TRADUCCIÓN LIBRE DE *THE MESSAGE*)

Ahora bien, sabemos que Dios dispone todas las cosas para el bien de quienes lo aman, los que han sido llamados de acuerdo con su propósito.

—ROMANOS 8:28

«Estamos cercados (presionados) por todos lados [afligidos y oprimidos en todos los sentidos], pero no estamos acalambrados ni aplastados; sufrimos vergüenzas y estamos perplejos y nos sentimos incapaces de encontrar una salida, pero no estamos impulsados hacia la desesperación; Nos persiguen (perseguidos y con un gran empuje), pero no abandonados. [pero no dejados solos]; estamos abatidos hasta la tierra, pero no eliminados y destruidos».

—2.ª DE CORINTIOS 4:8-9 (TRADUCCIÓN LIBRE DE *THE AMPLIFIED BIBLE*)

«Cuando una puerta se cierra, otra se abre; pero muchas veces miramos por tanto tiempo y con tanto pesar a la puerta cerrada, que no vemos la puerta que se nos ha abierto».

—Alexander Graham Bell

# El remordimiento

Todos tenemos algo porque tener remordimiento. Es prácticamente imposible vivir por un tiempo en esta tierra sin que tengamos algún remordimiento. El truco es que no permitas que el remordimiento te domine *a ti*, porque si no tienes cuidado ese remordimiento puede controlarte.

Tal vez sientes que tus errores han sido tan grandes que no mereces la ayuda de Dios. ¡Pues, bienvenido a la multitud! Ninguno de nosotros la *merece*, pero Dios ha puesto su gracia a nuestra disposición. Tal vez has hecho cosas que te han dejado avergonzado y sin esperanza. Los pecados del pasado pueden estar sobre tu cabeza y hacerte sentir indigno o fracasado. Cualquier remordimiento que tengas, bloquea la puerta hacia tu futuro. Siempre que quieras dar un paso hacia Dios, el remordimiento puede interponerse en tu

## El remordimiento

camino, riéndose de ti. Todos hemos errado con las decisiones y los errores que cometimos. Todos hemos pecado y estropeado las cosas. Pero ha llegado la hora de que te levantes y te sacudas del polvo.

¡Dios no guarda *ninguno* de tus errores y fracasos pasados en tu contra! Cuando tú le pides a Dios que te perdone, Él arroja tus pecados en el mar del olvido y no los recuerda nunca más. ¡Es hora de que tú hagas lo mismo! Si Él te ha perdonado, ¿no crees que es hora de perdonarte a ti mismo?

Haz lo mejor que puedas para aprender de lo pasado, pero nunca dejes que los remordimientos de tu pasado te impidan alcanzar tus sueños para el futuro. Con la ayuda de Dios, puedes elevarte por encima de tus errores. Enfrentémoslo: los errores, los fracasos, y los pasos en falso son parte de la vida. Pero el remordimiento no tiene por qué serlo. Tú has sido hecho la justicia de Dios por medio de Cristo Jesús, ¡así que es hora de que te levantes!

# El remordimiento

## Oración

Señor amado, ayúdame a no preocuparme ni sentirme frustrado o ansioso por los errores que he cometido. Echo todas mis ansiedades y preocupaciones del pasado sobre ti. Olvido el pasado y miro hacia el mañana. Permite que tu paz habite en mi corazón, en mi vida y en mi hogar. Este es un nuevo día para mí, sin remordimientos. No importa cuántas veces yo haya tropezado en el pasado, puedo empezar de nuevo en ti.

Reconozco que no hay ninguna cantidad de remordimiento que pueda cambiar el pasado, pero sé que tú puedes restaurar cualquier cosa que haya perdido. Te pido que redimas mis errores y fracasos y que me ayudes a recibir tu perdón.

Confío en que cumplirás tus planes y propósitos en mi vida. Señor, te agradezco que tienes un futuro brillante planeado para mí.

El remordimiento

## Escrituras

Hermanos, no pienso que yo mismo lo haya logrado ya. Más bien, una cosa hago: olvidando lo que queda atrás y esforzándome por alcanzar lo que está delante.

—Filipenses 3:13

Si confesamos nuestros pecados, Dios, que es fiel y justo, nos los perdonará y nos limpiará de toda maldad.

—1.ª de Juan 1:9

«¿Dónde está el dios que puede compararse contigo— que borra la pizarra de la culpa, que hace ojos ciegos y oídos sordos a los pecados pasados de su pueblo purificado y precioso? No alimentas tu ira y no te quedas enojado por mucho tiempo, porque la misericordia es tu especialidad; es lo que más amas. Tu compasión está de camino hacia nosotros. Eliminarás nuestras malas acciones. Tú hundirás nuestros pecados en el fondo del océano».

—Miqueas 7:18-20
(traducción libre de *The Message*)

# Liberación

Cuando el propósito se siente cuestionable,
Y tú no eres capaz,
Tu fuerza se desvanece
Mientras te tambaleas como las hojas del campo,

Sintiéndote muy vacío de sentimiento,
Llorando sin lágrimas mirando al techo,
Atrapado en un círculo de cambio prometido,
Mientras te das cuenta de que estás envenenado
por el colmillo del remordimiento,

Hay algo que necesitas escuchar
Algo que produzca las lágrimas puras del amor
Deja de intentar correr tan lejos,
Te va mucho mejor de lo que crees,

Jesús vino a causa de su profundo amor por ti.
Tú eres más importante de lo que crees,
Deja de intentar ser esto y aquello, solo sé tú mismo
Es menos acerca de ti de lo que crees.

—JAKE PROVANCE
INSPIRADO POR EL MENSAJE DE STEVEN FURTICK
«EL MENSAJE MÁS ALENTADOR QUE HAYAS ESCUCHADO».

«Si estás estresado por algo externo, el dolor no se debe a la cosa en sí, sino a tu estimación de ella, y tienes el poder de revocarlo en cualquier momento».

—Marco Aurelio

# El estrés

En estos días no somos extraños al estrés. La tensión mental y la preocupación causada por nuestros problemas, y la vida en general, pueden ser el sello distintivo de la vida diaria. El estrés puede alimentar el cáncer, encoger el cerebro, envejecerte prematuramente, llevarte a la depresión clínica, debilitar tu sistema inmunológico, y aumentar el riesgo de un derrame cerebral y un ataque al corazón. En pocas palabras, ¡el estrés está matándonos!

Y no son solo los grandes eventos en nuestra vida que nos causan el estrés; es el desgaste diario al que nos sometemos todos los días. Vivimos en una sociedad acelerada donde es común tener una agenda muy ocupada. Día tras día, nos sacrificamos por nuestro trabajo, nuestros amigos, nuestros pasatiempos y nuestra familia. Tal vez seas un estudiante tratando de trabajar y estudiar, un padre trabajando en dos empleos para mantener a tu familia, o tal vez una madre en casa haciendo las tareas de limpieza y llevando a los niños a la escuela y a las prácticas; si sientes que el estrés te está matando lentamente, es hora de hacer un alto.

No es la voluntad de Dios que vivas una vida llena de estrés. La Biblia nos dice que podemos mantener una sensación de paz en nuestras vidas. Entonces, ¿qué hacemos para romper el ciclo del estrés?

El solo hecho que comiences tu día por la mañana con un devocional y unos minutos de oración, esto puede marcar el inicio de un día libre de estrés. Escuchar música de adoración y meditar en las escrituras a lo largo del día puede ayudarte a mantener tu cordura y un espíritu pacífico. Intenta embarcarte en tu día impregnado de la paz y la alegría de Dios en tu corazón. Esto te ayudará a navegar a través de las situaciones potencialmente estresantes con facilidad y con gracia.

## El estrés

### Oración

*Señor, ayúdame a vivir libre del estrés. Lléname con tu paz. Muéstrame cómo confiar en ti y estar tranquilo, incluso cuando las circunstancias de mi vida me están gritando tan fuerte que es difícil escuchar algo más. Permíteme elevarme por encima de la confusión y la agitación a un lugar de perfecta paz en tu presencia.*

*Por la fe, y en obediencia a tu Palabra, echo todas mis preocupaciones, todas mis ansiedades y todo mi estrés sobre ti. A cambio, recibo tu paz. Ayúdame a centrarme en ti y en tu Palabra y no permitir que el estrés afecte mi vida de ninguna manera. Muéstrame cómo desarrollar un espíritu tranquilo y la fortaleza espiritual para no dejar que las preocupaciones de este mundo causen en mi vida la frustración o la presión.*

*Elijo adorarte y alabarte. Me propongo tener un corazón agradecido, sin importar por lo que esté pasando. Con tu ayuda y dirección, estoy seguro de que puedo vivir una vida libre de estrés.*

## Escrituras

La paz les dejo; mi paz les doy. Yo no se la doy a ustedes como la da el mundo. No se angustien ni se acobarden.

—Juan 14:27

Vengan a mí todos ustedes que están cansados y agobiados, y yo les daré descanso.

—Mateo 11:28

Yo les he dicho estas cosas para que en mí hallen paz. En este mundo afrontarán aflicciones, pero ¡anímense! Yo he vencido al mundo.

—Juan 16:33

Si ajustas tu vida según estas palabras, serás como un carpintero inteligente que cavó profundo y puso los cimientos de su casa sobre la roca. Cuando el río se desbordó y dio contra la casa, nada pudo hacerla tambalear; fue construida para durar.

—Lucas 6:48
(traducción libre de *The Message*)

¿Estás cansado? ¿Desgastado? ¿Quemado por la religión? Ven a mí. Apártate conmigo y recuperarás tu vida. Te mostraré cómo descansar de verdad. Camina conmigo y trabaja conmigo mira como lo hago. Aprende los ritmos de la gracia no forzados. No pondré ninguna cosa pesada o que no encaje sobre ti. Acompáñame y aprenderás a vivir libre y ligeramente.

—Mateo 11:28-30
(traducción libre de *The Message*)

«Nuestra fatiga está causada a menudo, no por el trabajo, sino por la preocupación, la frustración y el resentimiento».

—Dale Carnegie

# La frustración

La vida está llena de pequeñas molestias y frustraciones cotidianas. Hay conductores desconsiderados, empleados de los restaurantes de comida rápida que nunca toman tu pedido correctamente, una serie interminable de semáforos rojos cuando tienes prisa, los compradores despistados que llevan cuarenta y cinco artículos a la fila de «diez artículos o menos» a la caja de pago, y así sucesivamente.

Tal vez te enfrentas a la frustración en un nivel más alto, como si estuvieras atascado en un empleo sin futuro, o tratando de llegar a un adolescente rebelde. Tal vez estés frustrado contigo mismo, porque parece que no puedes perder peso o seguir un plan de ejercicios.

Tal vez no puedas encontrar la oportunidad de pasar tiempo de calidad con tu cónyuge o tus hijos

o sientes que no estás en el nivel espiritual que deseas. Cualquiera que sea la fuente,

## La frustración

la frustración puede mantenerte agitado, molesto y no ser una persona divertida con quien estar.

La Biblia tiene un arma excelente para evitar que las frustraciones se infiltren en tu vida. Y esto es mantener una actitud de gratitud y cultivar un estilo de vida de acción de gracias. Cuando sientes que te empiezas a frustrar, di en voz alta: «Me niego a frustrarme, tengo mucho por qué estar agradecido». Luego empieza a decir *en voz alta* aquellas cosas por las que estás agradecido. Tu frustración empezará a derretirse como una bola de nieve en el calor del verano. Si es un problema que necesita ser resuelto, pídele a Dios que te ayude. Él dijo que le daría sabiduría a cualquiera que se lo pidiera (ver Santiago 1:5).

Niégate a permitir que las pequeñas frustraciones te afecten o te roben la alegría. En cambio, ¡entra en la presencia del Señor con agradecimiento y alabándole!

## La frustración

### Oración

*Señor Jesús, ayúdame a no dejar que la frustración produzca estrés y ansiedad en mi vida. Permíteme ser paciente conmigo mismo y con los demás. Cuando la vida es agitada y exigente, muéstrame cómo no dejar que la frustración me robe la paz y me robe la alegría. Señor, ayúdame a mantener un espíritu pacífico y una buena actitud, aunque las circunstancias a mi alrededor no sean las ideales.*

*Cuando encare desafíos y obstáculos en mi vida, ayúdame a enfrentarlos con una firme determinación. Empodérame para seguir adelante con confianza, sabiendo que has prometido darme fuerza para superar cualquier situación. Cuando las cosas no salgan como esperaba, permíteme permanecer calmado, confiando en ti y no ceder a la frustración.*

*Concédeme claridad de pensamiento, enfoque mental y comprensión. Dame sabiduría y dirección sobre cómo navegar a través de las tormentas de la vida y llegar a un lugar de completa victoria. No estaré inquieto, angustiado o frustrado. En cambio, tu paz gobernará en mi vida.*

## Escrituras

Mis amados hermanos, quiero que entiendan lo siguiente: todos ustedes deben ser rápidos para escuchar, lentos para hablar y lentos para enojarse.

—Santiago 1:19 (NTV)

No nos cansemos de hacer el bien, porque a su debido tiempo cosecharemos si no nos damos por vencidos.

—Gálatas 6:9

Ustedes quédense quietos, que el Señor presentará batalla por ustedes.

—Éxodo 14:14

Deléitate en el Señor, y él te concederá los deseos de tu corazón.

—Salmo 37:4

De hecho, considero que en nada se comparan los sufrimientos actuales con la gloria que habrá de revelarse en nosotros.

—Romanos 8:18

«Nuestra debilidad más grande reside en rendirse. La forma más certera de tener éxito es siempre intentarlo una vez más».

—Thomas Edison

«Termina cada día y déjalo atrás. Hiciste lo que pudiste. Sin duda se colaron algunos errores y disparates, olvídalos tan pronto puedas. Mañana es un nuevo día, comiénzalo con serenidad y con el espíritu tan elevado que no te estorben tus antiguas tonterías».

—RALPH WALDO EMERSON

# La autocrítica

A menudo, nosotros mismos podemos ser nuestros peores enemigos. Establecemos expectativas poco realistas y nos criticamos a nosotros mismos cuando no cumplimos con ellas. Pero la autocrítica es un proceso destructivo que puede socavar lo que Dios quiere lograr en nuestras vidas.

Es hora de tomar el consejo de una de las páginas del manual de Dios y darte un poco de gracia. Todos nosotros somos una obra en progreso. Todos cometemos errores, fallamos en alguna cosa, y no llegamos a la marca. *¿Y qué?* Cuando no llegas a la marca, levántate, sacúdete y vuelve a entrar a la carrera.

Esto no es para decir que siempre hay lugar para que mejoremos, y sí, deberíamos hacer un hábito de evaluar nuestras propias vidas. Todo el mundo necesita hacer ajustes a veces para volver al camino para vivir una vida más satisfactoria y productiva, pero hay una gran diferencia entre la *autoevaluación* y

## LA AUTOCRÍTICA

la *autocrítica*. La autoevaluación es un ejercicio constructivo y beneficioso que nos ayuda a reconocer las áreas donde necesitamos mejorar. Por otro lado, la autocrítica es una fuerza destructiva que puede llevar al desánimo, el descontento y la depresión.

Si queremos un cambio en nuestras vidas, entonces en lugar de criticarnos constantemente y derribarnos, necesitamos edificarnos por medio de la meditación y hablar en voz alta la Palabra de Dios. Dios no está en el cielo criticándote; ¡Él está al frente de una gran multitud de testigos que te animan! La palabra de Dios tiene fortaleza, dirección y promesas para ti, si las buscas. Pídele al Señor que te ayude en las áreas que necesitas mejorar. Por su Espíritu y a través de su Palabra, puedes lograr cualquier cosa.

## La autocrítica

### Oración

*Ayúdame a no juzgar ni condenarme a mí mismo, sino a perdonarme tal como tú me has perdonado. Ayúdame a no ser crítico con mis defectos. Ayúdame a darme cuenta de que no soy perfecto y que nunca lo seré, pero eso está bien. Tú me amas de todos modos. Muéstrame cómo amarme a mí mismo.*

*Dame gracia y misericordia para saber que yo soy una obra en progreso y ser clemente conmigo mismo. Cuando cometa un error, ayúdame a no rebajarme a mí mismo. Enséñame a no desanimarme o descorazonarme cuando no llegue a la marca. Tú dijiste que nunca me condenarías. Ayúdame a seguir tu ejemplo. Enséñame cómo alentarme en ti. Dame confianza para vivir mi vida libre de la autocrítica y la condenación.*

*Continúa la buena obra que empezaste en mí y ayúdame a completar esa obra en mi vida.*

## Escrituras

Eviten toda conversación obscena. Por el contrario, que sus palabras contribuyan a la necesaria edificación y sean de bendición para quienes escuchan.

—Efesios 4:29

Toda la Escritura es inspirada por Dios y útil para enseñar, para reprender, para corregir y para instruir en la justicia.

—2.ª de Timoteo 3:16

Pelea la buena batalla de la fe; haz tuya la vida eterna, a la que fuiste llamado y por la cual hiciste aquella admirable declaración de fe delante de muchos testigos.

—1.ª de Timoteo 6:12

El pecado ya no es más su amo, porque ustedes ya no viven bajo las exigencias de la ley. En cambio, viven en la libertad de la gracia de Dios.

—Romanos 6:14 (ntv)

«Quiero que empieces una cruzada en tu vida, para que te atrevas a mejorar. Sostengo que tú eres una persona mejor y más capaz de lo que has demostrado hasta ahora. La única razón que no eres la persona que deberías ser, es porque no te atreves a serlo. Una vez que te atreves, una vez que dejes de ir a la deriva con la multitud y enfrentes la vida con valentía, la vida tomará una nueva significancia. Habrá una nueva fuerza que tomará una nueva forma dentro de ti. Esos nuevos poderes estarán a tu disposición».

—Tomado de *I Dare You* por
William Danforth

«Nadie puede hacerte sentir inferior sin tu consentimiento».

—Eleanor Roosevelt

# Buscar la aprobación de los demás

A todos nos gusta ser apreciados. Los psicólogos nos dicen que este es uno de los mayores deseos de cada persona. Si eres honesto contigo mismo, admitirás que disfrutas cuando eres apreciado, todos lo hacemos. Ya sea una palmadita en la espalda de tu jefe, un apretón de manos de apreciación de tu pastor, o un simple «gracias, mamá» de tu hijo por prepararle los panqueques para el desayuno, todos queremos ser apreciados. El aprecio nos proporciona un sentido de propósito, y es uno de los motivadores más poderosos.

Pero cuando empezamos a depender de la aprobación de otros para determinar nuestra autoestima o el nivel de alegría en nuestra vida, entramos a un territorio peligroso. Podemos empezar a ser voluntarios en la iglesia para que todos vean qué buenos cristianos que somos. Podemos orar con más pasión para mostrarle a nuestros amigos lo espiritual que somos. Podemos intentar ser la madre y esposa perfecta en público, así la gente notará y reconocerá nuestros logros. Si no tenemos cuidado, podemos hallarnos haciendo las cosas correctas, pero con las motivaciones equivocadas. Si empiezas a ver tu importancia, tu habilidad, y tu valor de la forma en que crees que los que te rodean lo ven, es hora de cambiar.

Si buscas de continuo la aprobación de los demás para determinar tu felicidad, te encontrarás viviendo una vida muy infeliz. Si pones demasiado énfasis sobre lo que otros piensan, puedes tomar decisiones basado en cómo crees que los demás lo harían, no basado en tu propio propósito, destino, deseo, o la Palabra de Dios.

¡Deja que Dios te recuerde hoy quién eres en Cristo!

# Buscar la aprobación de los demás

## Oración

*Señor, ayúdame a no vivir mi vida buscando la aprobación de los demás. Permíteme tener la confianza en mí mismo y en ti para no tener que esforzarme por alcanzar la aprobación de otros. Concédeme la seguridad de confiar en lo que dice mi corazón y mis instintos.*

*Que mi deseo y mi meta sean vivir mi vida de tal manera que te honre. Elijo conducir mi vida con integridad y propósito basado en los principios de tu Palabra, no en las opiniones de los demás.*

*Ayúdame a estar abierto a las recomendaciones y los consejos de otros, pero ser lo suficientemente fuerte para seguir lo que dice mi propio corazón y mis convicciones. Ayúdame a no permitir que las críticas o los insultos de otros me ofendan o hieran mis sentimientos. Ayúdame a ser más sensible a tu orientación y dirección que a las voces de los demás. Deseo tu aprobación más que la aprobación de otros.*

## Escrituras

¿Qué busco con esto: ganarme la aprobación humana o la de Dios? ¿Piensan que procuro agradar a los demás? Si yo buscara agradar a otros, no sería siervo de Cristo.

—Gálatas 1:10

Temer a los hombres resulta una trampa, pero el que confía en el Señor sale bien librado.

—Proverbios 29:25

Al contrario, hablamos como hombres a quienes Dios aprobó y les confió el evangelio: no tratamos de agradar a la gente, sino a Dios, que examina nuestro corazón.

—1.ª de Tesalonicenses 2:4

La gente es ilógica, poco razonable y egocéntrica.
**Ámala de todos modos.**
Si haces el bien, la gente te atribuirá motivos egoístas.
**Haz el bien de todos modos.**
Si tienes éxito, obtendrás falsos amigos y verdaderos enemigos.
**Ten éxito de todos modos.**
El bien que hagas hoy será olvidado mañana.
**Haz el bien de todos modos.**
La honestidad y la franqueza te vuelven vulnerable.
**Sé honesto y franco de todos modos.**
A los hombres y mujeres más grandes con las ideas más grandes pueden derribarlos los hombres y mujeres más pequeños con las mentes más pequeñas.
**Aspira a ser grande de todos modos.**
La gente favorece a los desvalidos, pero sigue solo a los afortunados.
**Lucha por algunos desvalidos de todos modos.**
Lo que pases años construyendo puede destruirse de la noche a la mañana.
**Construye de todos modos.**
La gente verdaderamente necesita ayuda, pero pueden atacarte si les ayudas.
**Ayuda a la gente de todos modos.**
Da al mundo lo mejor que tienes y recibirás una patada.
**De todos modos dale al mundo lo mejor que tienes.**

— Los diez mandamientos paradójicos por Kent M. Keith, fueron orgullosamente exhibidos en el Hogar de Niños de Calcuta de la Madre Teresa

«El error más grande que puedes cometer en la vida es temer continuamente que cometerás uno».

—Elbert Hubbard

# El temor al futuro

El temor al futuro puede atormentarnos. Puede paralizarnos de tomar medidas para evitar que las cosas que más tememos sucedan, las conocidas preguntas «¿qué sucedería si...?». *¿Qué sucedería si pierdo mi trabajo; ¿qué sucedería si contraigo una enfermedad que amenaza mi vida?; ¿qué sucedería si mis hijos cometen algún error necio?; ¿qué sucedería si la economía se derrumba?; ¿qué sucedería si hubiera un holocausto nuclear?* La lista puede continuar. Cuando estás luchando contra los temores sobre tu futuro y necesitas claridad, es hora de volver a Dios.

Los temores sobre el futuro pueden perseguirte, pero no es la voluntad de Dios que vivas bajo esa presión. ¡Dios no nos ha dado un espíritu de temor!

Aunque no podemos controlar lo que sucederá en el futuro, *podemos* tomar ciertas medidas para ayudar que el futuro tome la forma que deseamos. Si comemos saludablemente y hacemos ejercicio, aumentaremos la probabilidad de tener una larga vida. Si vivimos dentro de nuestro presupuesto y ahorramos dinero, será más probable que podamos tener un retiro sin cargas financieras.

Aunque es bueno tomar los recaudos necesarios para tu futuro y así tomar decisiones sabias hoy, no dejes que esos recaudos se conviertan en la ansiedad o el temor. Confía en Dios sin importar lo que suceda, Él cuidará de ti. Incluso si has cometido errores y has tomado decisiones equivocadas, Él es misericordioso, te sostendrá y te sacará adelante. Confía en Él, y Él te dará paz y claridad. La Biblia es la guía de Dios para tu vida, y ella dice que confíes en el Señor con todo tu corazón; no dependas de tu propio entendimiento. Busca su voluntad en todo lo que hagas, y él te mostrará cuál camino tomar.

# El temor al futuro

## Oración

*Señor, te pido que me reveles los deseos y planes que tienes para mí. Enciende una pasión en mi corazón para andar por el camino que tú has preparado para mí. Envía a las personas e influencias adecuadas a mi vida. Te confío mi futuro.*

*Cumple tu plan y propósito en mi vida. Ayúdame a ser obediente a todo lo que sea tu voluntad para mí. Encamíname, guíame y dirige mis pasos. Dame el valor y la fortaleza para superar cualquier obstáculo que se interponga entre mí y el destino que tú tienes para mí.*

*Dame paciencia y perseverancia. Ayúdame a no desanimarme ni rendirme cuando enfrente contratiempos, sino a ser audaz y fuerte en mi fe. Dame la fortaleza para seguir adelante cuando sea tentado a rendirme y darme por vencido.*

*Que mi vida sea un testimonio de tu amor, tu pasión y tu provisión abundante. Te lo pido en el nombre de Jesús, amén.*

## Escrituras

Sé fuerte. Ten valor. No te dejes intimidar. No les des una segunda oportunidad porque Dios, tu Dios, está avanzando delante de ti a pasos agigantados. Él está ahí contigo. No te decepcionará; ni te dejará.

—Deuteronomio 31:6
(traducción libre de *The Message*)

Confía en el Señor con todo tu corazón; no dependas de tu propio entendimiento. Busca su voluntad en todo lo que hagas, y él te mostrará cuál camino tomar.

—Proverbios 3:5-6 (NTV)

Porque yo sé muy bien los planes que tengo para ustedes —afirma el Señor—, planes de bienestar y no de calamidad, a fin de darles un futuro y una esperanza.

—Jeremías 29:11

«El mar es peligroso y sus tormentas son terribles, pero estos obstáculos nunca han sido suficiente razón para permanecer en tierra. A diferencia de los mediocres, los espíritus intrépidos buscan la victoria sobre lo que parecía imposible. Es con una voluntad de hierro que se embarcan en la más audaz de las misiones, salir, sin temor, al encuentro del futuro rodeado de sombras, y conquistar lo desconocido».

—Escrito en 1520 por el gran explorador Fernando de Magallanes

«Los obstáculos no pueden aplastarme. Cada obstáculo cede a una severa resolución. El que está fijado a una estrella no cambia su opinión».

—Leonardo da Vinci

# Contratiempos inesperados

Los contratiempos son solo parte de la vida. Cuando recibes noticias de «contratiempos», o bien quedas desarmado o eliges encontrar lo bueno en la situación y confiar en Dios. Ten cuidado con cuál de los dos eliges; la segunda opción es mucho, mucho más difícil que la primera, pero el resultado es incalculable.

Mi familia y yo habíamos estado viviendo en nuestra casa nueva por solo seis días cuando un incendio estalló en el altillo. Teníamos visitas en casa con nosotros, y todos entramos en pánico apurados para escaparnos del fuego. Afortunadamente, todos salimos a salvo. Nos reunimos en la acera y miramos cómo los bomberos luchaban contra el incendio. A medida que el humo y las llamas salían de la casa, sabíamos que todas nuestras cosas adentro de la casa probablemente se iban a dañar o perder.

## Contratiempos inesperados

Mi esposa me miró con lágrimas en los ojos y me dijo: «Bien, señor, ¿qué hay de bueno en todo *esto?*». Miré a su alrededor, a nuestros hijos, y nuestros invitados, todos estábamos sanos y a salvo. Entonces le respondí: «¿Qué hay de bueno en todo esto? ¡Todos mis seres queridos están de pie en esta acera conmigo!». A veces solo vemos lo espantoso frente a nosotros y no nos damos cuenta de que podría haber sido mucho peor.

Lo que hacemos de los contratiempos, cómo los manejamos, y lo que elegimos hacer acerca de ellos, nos define y nos hace lo que somos. Cuando eliges buscar lo bueno y manejas los contratiempos con la gracia divina, eso señala a la gente a tu fuente: ¡Dios!

Puede que no nos encanten las desilusiones y los contratiempos, pero tampoco deberíamos odiarlos. En cambio, verlos como oportunidades para decir: «¿Qué hay de bueno en todo esto?».

## Contratiempos inesperados

### Oración

*Señor, ayúdame a darme cuenta de que los contratiempos son parte de la vida. No me dejes ser temeroso, ansioso o abrumado por este contratiempo, si no permíteme apoyarme en ti y a confiar en ti y tu fuerza para pasar por cualquier situación.*

*Ayúdame a no desanimarme o resentirme ni quedarme pensando en el pasado, sino anticipar y mirar hacia el futuro con esperanza y expectación.*

*Muéstrame cómo convertir mis contratiempos en recuperaciones ingeniosas. Si hay alguna lección que debo aprender, revélame lo que necesito saber; y luego guíame y dame la sabiduría para seguir adelante con confianza en la búsqueda de tu plan para mi futuro.*

*Me niego a dejar que los contratiempos o los fracasos derroten o me definan. Señor, pongo mi confianza en ti y tengo confianza de que tú dirigirás mis pasos y llevarás a cabo tu plan y propósito para mi vida.*

## Escrituras

Muchas son las angustias del justo, pero el Señor lo librará de todas ellas.

—Salmo 34:19

Estoy convencido de esto: el que comenzó tan buena obra en ustedes la irá perfeccionando hasta el día de Cristo Jesús.

—Filipenses 1:6

Porque siete veces podrá caer el justo, pero otras tantas se levantará; los malvados, en cambio, se hundirán en la desgracia.

—Proverbios 24:16

Pero los que confían en el Señor renovarán sus fuerzas; volarán como las águilas: correrán y no se fatigarán, caminarán y no se cansarán.

—Isaías 40:31

Los muchos «contratiempos» de Abraham Lincoln, en camino a su mayor triunfo.

1831 - Perdió su trabajo (**contratiempo**)

1832 - Derrotado en la carrera por la Legislatura del Estado de Illinois (**contratiempo**)

1833 - Fracasó en los negocios (**contratiempo**)

- Elegido a la Legislatura del Estado de Illinois (**éxito**)

1835 - La novia murió (**contratiempo**)

1836 - Tuvo una crisis nerviosa (**contratiempo**)

1838 - Derrotado en la carrera por la presidencia de la Cámara de Illinois (**contratiempo**)

1843 - Derrotado en la carrera por la nominación para el Congreso de EE. UU. (**contratiempo**)

1846 - Elegido al Congreso (**éxito**)

1848 - Pérdida de la renominación (**contratiempo**)

1849 - Rechazado para el puesto de oficial de tierras (**contratiempo**)

1854 - Derrotado en la carrera por el Senado de los EE. UU. (**contratiempo**)

1856 - Derrotado en la carrera por la nominación de vicepresidente (**contratiempo**)

1858 - Nuevamente derrotado en la carrera por el Senado de los EE. UU. (**contratiempo**)

1860 - Elegido presidente (**éxito**)